LA FORMULA DE LOS NEGOCIOS

LA *FORMULA*
DE LOS
NEGOCIOS

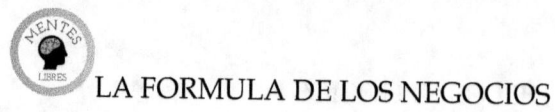LA FORMULA DE LOS NEGOCIOS

 LA FORMULA DE LOS NEGOCIOS

INDICE

Introducción

Capítulo 1: El embudo de comercialización explicado

Capítulo 2: La forma en que el constructor de negocios real obtiene los máximos beneficios

Capítulo 3: Un "Lanzador de productos vs un verdadero constructor de negocios"

Capítulo 4: Principio de Pareto: La regla 80/20

Capítulo 5: ¿Qué es el embudo de marketing?

Conclusión

LA FORMULA DE LOS NEGOCIOS

Introducción

La mayoría de las personas cuando piensan en crear un negocio en línea, piensan en crear un producto, venderlo y esperan obtener suficiente capital para financiar su próxima idea de producto. Este tipo de pensamiento es a corto plazo, y no se presta bien para un negocio a largo plazo.

Cuando se detiene y piensa en un modelo de negocio a largo plazo, ya sea en línea, fuera de línea o una mezcla de ambos, realmente necesita pensar en el panorama general. Lo que realmente se necesita es un método para capturar clientes potenciales, convertirlos en clientes de poca monta y gradualmente convertirlos en clientes que gasten más con usted en términos de tres factores: frecuencia, valor monetario y actualidad. En términos de frecuencia, creo que es evidente que queremos que gasten más dinero en nuestro negocio de forma más regular. En términos de valor monetario nos gustaría que cada transacción fuera mayor, y que gastaran más por transacción.

Cuando se trata de la actualidad, lo ideal sería que compraran la semana pasada en lugar de hace cinco años. Esto los hace un cliente más fresco que es más probable que vuelva a comprar pronto, promoviendo las otras dos cualidades que acabo de mencionar.

También hay una cuarta cualidad que rara vez se discute. No nos importa necesariamente cómo nos compran, sólo que nos compran a nosotros. Sin embargo, algunos canales de distribución son significativamente más baratos que otros. Idealmente, entonces, los medios de comunicación, o el método que usted usó para traer la venta, se vuelve cada vez más importante.

Entonces, ¿cómo convertir una mentalidad de producto a producto en un negocio próspero a largo plazo? Bueno, para empezar, necesitas tener un modelo de negocio viable. Y parte de ese modelo de negocio debe incluir el "embudo de marketing". Aquí es donde entra en juego.

Capítulo 1: El embudo de comercialización explicado

El embudo de comercialización no es un proceso complicado. Es una herramienta, o un proceso, para separar a sus clientes potenciales y clientes en diferentes cubos.

Por ejemplo, queremos saber la diferencia entre nuestros clientes potenciales, clientes que gastan menos de $10 al año con nosotros, clientes que gastan más de $10,000 al año con nosotros en forma regular y todo lo demás.

Esto nos permite concentrar nuestros esfuerzos en el grupo de clientes más

 LA FORMULA DE LOS NEGOCIOS

pequeño que gasta la mayor cantidad de dinero con nosotros. En otras palabras, estamos tratando de maximizar el retorno de la inversión.

En un momento vamos a echar un vistazo más de cerca al embudo de marketing para ver cómo funciona, además de lo que probablemente conozcas como la "regla 80/20".

Porque eso va a impulsar el retorno de la inversión de esos clientes y gastar la mayor parte de mi dinero con nosotros, esos clientes que gastan menos, y los buscadores de regalos y los que patean neumáticos.

A la mayoría de los vendedores les faltan por lo menos uno o dos de estos pasos cruciales que están causando que dejen en la mesa fajos de dinero que de otra manera podrían estar en sus bolsillos.

Capítulo 2: La forma en que el constructor de negocios real obtiene los máximos beneficios

Un modelo de negocio típico podría centrarse en tres áreas para cada transacción: Recencia, frecuencia y valor monetario. Por ejemplo, tomemos un restaurante típico de comida rápida y usémoslo como ejemplo. Hay principalmente tres maneras de hacer crecer un negocio.

1. Usted puede adquirir más clientes, que es lo que la mayoría de las empresas tratan de hacer.

2. Puede conseguir que gasten más con usted por cada transacción (valor monetario).

3. Y usted puede hacer que le compren más a menudo (frecuencia).

Hay otras maneras de tratar con las inversiones y demás, pero por el bien de esta discusión, lo mantendrá simple y se referirá al crecimiento de su negocio como la construcción de una base de clientes fuerte.

Así que la meta, entonces, se convierte en llamar ¿cómo hacemos cualquiera de esas tres cosas? Idealmente, nos gustaría hacer las tres cosas.

Ahí es donde su plan de negocios debe entrar en juego.

Cuando se piensa en términos de un producto, se está hablando de una sola instancia de algo que puede ser aprovechado para obtener mayores activos a largo plazo a través del uso de este modelo bastante simple.

Pero volvamos al modelo de comida rápida.

Cuando hablamos de una venta cruzada, eso es similar a cuando pides un sándwich y te preguntan: "¿Quieres papas fritas con eso?"

Cuando usamos el término "vender más", es similar a ese restaurante de comida rápida

 LA FORMULA DE LOS NEGOCIOS

que te pregunta: "¿Quieres súper-dimensionar eso?".

Es posible que ya conozcas esta información. Pero tenemos que empezar con un marco de referencia.

El verdadero dinero que se puede ganar está en lo que llamamos el "back end".

Por ejemplo, si usted ordena algo de un catálogo, tal vez incluso un pequeño artículo de "compra por impulso", y luego le envían información por correo para que usted compre un artículo más caro, eso es lo que llamamos "venta en el back-end".

Es donde el negocio crece realmente.

 LA FORMULA DE LOS NEGOCIOS

Muchas veces una empresa perderá dinero en la venta de front-end, de modo que pueda recuperar esa ganancia en el back-end. A eso lo llamamos un "líder de la pérdida".

Es lo que separa a las compañías de un solo producto que se dedican ocasionalmente a la producción de un solo producto de las que se dedican a la producción a largo plazo.

Y si usted tiene ambiciones a largo plazo para su negocio, esa es la línea de pensamiento que necesita tomar.

Las ventas únicas y únicas rara vez sostienen un negocio durante mucho tiempo. No sólo eso, los beneficios que producen son

minúsculos en comparación con las empresas que tienen una visión más amplia.

Echemos un vistazo más de cerca a por qué estos métodos son tan exitosos, y el tipo de cliente en el que realmente desea centrarse para llevar su negocio a la estratosfera.

Capítulo 3: Un "Lanzador de productos vs un verdadero constructor de negocios"

¿Qué es lo que separa a los "lanzadores de productos" de los constructores de negocios?

Un lanzador de productos piensa en lo que está de moda para los próximos meses, y se concentra en vender un producto para llenar esa necesidad caliente, pero limitada.

Un constructor de negocios piensa a más largo plazo y vende productos y servicios que pueden ser apalancados en el futuro a medida que la situación se presenta.

Un constructor de negocios piensa en términos de lo que aumentará su riqueza durante un período de tiempo más largo. Es decir, cómo construir su negocio a largo plazo, independientemente de lo que esté de moda en este momento.

Eso no quiere decir que un constructor de negocios hará caso omiso de lo que se considera caliente en este momento. Más bien significa que capitalizan esa tendencia, pero también piensan en cómo se transformará en algo más que pueden estar preparados para proporcionar.

Un lanzador de productos tiene que reinventarse constantemente para mantenerse en la cima de la tendencia actual.

No sólo eso, los desafíos se hacen más grandes con el paso del tiempo, y la cantidad de trabajo necesaria para mantener un negocio real se vuelve prácticamente imposible de mantener a largo plazo.

Además, una vez que el alboroto inicial sobre el producto del lanzador de productos se ha calmado, él verá una disminución severa en las ganancias hasta que eventualmente el tráfico de la web, y sus ventas eventualmente se ralentizarán a un chorrito.

Por otro lado, un verdadero constructor de negocios siempre verá un flujo constante de ventas, y buscará formas de maximizar los ingresos continuamente. No está buscando dinero a corto plazo. Está en esto a largo plazo.

¿Empieza a ver un patrón aquí?

El verdadero constructor de negocios está en el negocio de crear y hacer crecer una compañía a largo plazo que sobrevivirá a los buenos y malos tiempos.

El lanzador de productos, por otro lado, perseguirá una tendencia caliente tras otra hasta que se agoten todas las ideas.

Con el tiempo, ¿en qué categoría le gustaría estar?

 LA FORMULA DE LOS NEGOCIOS

Para mí, la respuesta es obvia.

Prefiero construir una base sólida de negocios que resista la prueba de los tiempos, aunque sea menos "sexy" que las maravillas de un solo éxito a corto plazo que un lanzador de productos producirán.

Ahora seré franco aquí.

Ciertamente es posible hacer ambas cosas. Es decir, usted puede ser un lanzador de productos bajo varios nombres de bolígrafo, mientras que al mismo tiempo mantener un negocio sólido por separado bajo su propio nombre (o incluso otro nombre de bolígrafo).

 LA FORMULA DE LOS NEGOCIOS

Realmente se reduce a cuáles son tus metas.

Pero piense en esto: si usted fuera a convertirse en un lanzador de productos, va a requerir un pulso constante en su(s) mercado(s), mucho más trabajo del que usted piensa que podría ser, pero lo bueno es que ocasionalmente usted puede obtener pagos a corto plazo, pero a veces enormes.

Por otro lado, un verdadero modelo de construcción de negocios, le permite la libertad de manejar su negocio como usted crea conveniente, produciendo flujos de ingresos constantes, y no siempre requiere que usted piense en la siguiente cosa más caliente.

No te estoy diciendo que vayas en una

dirección u otra. Realmente se reduce a cuáles son tus metas, así como tu propia personalidad y lo que disfrutas haciendo.

Capítulo 4: Principio de Pareto: La regla 80/20

En 1895, el economista italiano Vilfredo Pareto escribió sobre una fórmula matemática que descubrió al modelar la distribución de la riqueza en su país y en todos los demás países que estudió. Pareto observó que el veinte por ciento de la población poseía el ochenta por ciento de la tierra. Eventualmente, otros encontraron distribuciones similares que se aplicaban a sus propias situaciones. El Dr. Joseph Juran, un experto en gestión de calidad que trabajó en los Estados Unidos en los años 30 y 40, reconoció un principio universal que denominó "pocos vitales y muchos triviales".

Como resultado, la observación de Juran de que el 20 por ciento de algo es responsable del 80 por ciento de los resultados se conoció como el Principio de Pareto, o la Regla 80/20.

La Regla 80/20 simplemente significa que en cualquier situación, unos pocos (20 por ciento) son vitales y muchos (80 por ciento) son triviales. Dicho de otra manera, la regla 80/20 establece que la relación entre la entrada y la salida rara vez, o nunca, está equilibrada. En el caso de Pareto significaba que el 20 por ciento de la gente poseía el 80 por ciento de la riqueza. En el caso de Juran, descubrió que el 20 por ciento de los defectos de fabricación estaban causando el 80 por ciento de todos los problemas. Puedes aplicar la regla 80/20 a casi cualquier cosa.

De hecho, el 20 por ciento de su personal y

colegas probablemente le dan el 80 por ciento de todo el apoyo que necesita. No los des por sentados, porque los verdaderos defensores como ellos son raros. Probablemente lees revistas y libros comerciales, y apuesto a que el 20 por ciento de ellos aportan el 80 por ciento de tus conocimientos en esas materias.

¿Y qué hay de esos trabajos en la casa a los que querías dedicarte? La Regla 80/20 significa que si usted tiene una lista de diez cosas que hacer, dos de esas cosas resultarán valer tanto o más que las otras ocho cosas juntas.

La regla 80/20 puede ser utilizada de muchas maneras para su negocio. Y cuando digo 80/20, eso es realmente una aproximación. A veces puede ser 70/30, a veces 85/15, te haces una idea. El quid de la cuestión es que una pequeña cantidad de algo es responsable de la gran mayoría de los resultados.

Incluso la forma en que usted gasta su tiempo está sujeta a la Regla 80/20. ¿Alguna vez ha notado que el 20 por ciento de sus esfuerzos es responsable del 80 por ciento de su éxito? Y lo contrario también es cierto: el 80 por ciento de sus esfuerzos es sólo responsable del 20 por ciento de su éxito.

¿Te resulta familiar?

Usted está en el segmento del 80 por ciento (el menos deseable) de sus esfuerzos sí....

- Estás trabajando en tareas que no son de tu especialidad.

- Usted está gastando tiempo en tareas que otras personas quieren que usted haga, pero usted recibe poco o nada a cambio.

- Estás haciendo un montón de trabajo de preparación que te prepara para el trabajo "real".

- Las tareas están tomando mucho más tiempo de lo que pensabas.

- Frecuentemente apagas incendios y trabajas en tareas "urgentes".

- No estás contento, te estás quejando o no sientes que has cumplido con tus tareas.

Sin embargo, usted está en el segmento del 20 por ciento (el más deseable) de sus esfuerzos si...

- Usted está subcontratando o contratando a personas para que realicen las tareas fuera de su área de especialización o que usted prefiere no realizar.

- Usted está involucrado en actividades que le ayudan a avanzar en su propósito y alcanzar sus metas.

- Usted está eliminando tareas rápidamente, especialmente el trabajo "central" que se necesita hacer.

LA FORMULA DE LOS NEGOCIOS

- Estás haciendo cosas que disfrutas y por las que te sientes bien.

- Puede que estés trabajando en tareas que no te gustan, pero las estás haciendo sabiendo que contribuyen al panorama general.

- Estás feliz, sonriendo, y sientes un profundo sentido de logro al completar tus tareas.

Entonces, ¿cómo se aplica la Regla 80/20 al embudo de comercialización? ¿Y qué es este embudo?

Primero, la Regla 80/20. Usted probablemente sabe que el 80 por ciento de

 LA FORMULA DE LOS NEGOCIOS

sus ingresos está determinado por el 20 por ciento de sus clientes. Si ese no es el caso, entonces es probable que esté perdiendo muchas oportunidades rentables. Déjame explicarte.

Si sus clientes contribuyen a sus beneficios en una proporción de uno a uno (1:1), entonces eso significa que su modelo de negocio está configurado de tal manera que una vez que un cliente le compra a usted, usted nunca le vuelve a vender a ellos. Una oportunidad. Una venta. Fin de la línea. Es hora de pasar al siguiente cliente....

Pero si usted continúa vendiéndoles una y otra vez, finalmente descubrirá que hay ciertos clientes que comprarán más a menudo y gastarán más dinero con usted a largo plazo que otros. Algunos seguirán comprando una vez, y nunca más volverás a saber de ellos. Eso está muy bien. Esto va a suceder sin importar el sistema que tenga en su lugar.

Pero su sistema jugará un papel importante en la determinación de lo que esos "20 por ciento" principales gastarán en última instancia con usted. Y si tienes un 20 por ciento de los mejores para empezar.

Esta gente son tus clientes de primera, tus clientes de primera. A ellos es a los que quieres tratar como a la realeza. Al igual que el 20 por ciento de su personal y colegas que son verdaderos defensores de su empresa, sus clientes "A" son verdaderos defensores de su empresa. Y muestran su lealtad al comprarle a usted y al referir su negocio a otros.

Permítanme darles un ejemplo que ilustra lo poderosas que pueden ser las referencias.

Recientemente comencé un programa de referencia para mi negocio de redacción publicitaria. Sólo en las primeras dos semanas, me enviaron más de $23,000 en nuevos negocios.

Todos por referencias. Y eso ni siquiera cuenta las asociaciones de empresas conjuntas en las obras, de donde espero que provenga el verdadero negocio.

Por lo tanto, el sistema que desea emplear debe tener un sesgo incorporado para animar a sus clientes a que lo hagan:

 LA FORMULA DE LOS NEGOCIOS

Haga compras más grandes con ventas cruzadas y ventas al alza.

Compre con más frecuencia.

Gradúese para hacer compras de boletos más grandes, las que le dan más y mayores ganancias.

Conviértase en un defensor de su negocio y refiera a otros a usted.

El sistema también debe proporcionar un fuerte incentivo, un "soborno ético", si se quiere, para que las personas en su mercado objetivo (es decir, sus prospectos) levanten la mano y se conviertan en sus líderes. De buena gana y voluntariamente.

LA FORMULA DE LOS NEGOCIOS

Capítulo 5: ¿Qué es el embudo de marketing?

Las grandes corporaciones a menudo utilizan lo que se conoce como "casa abierta" o construcción de marca, modelo de publicidad, que es costoso, consume mucho tiempo y requiere mucho valor de marca y confianza a lo largo del tiempo antes de que la gente tome la decisión de comprarle a ellos.

Con el modelo "embudo de marketing", una persona hace una pequeña compra (sí, el suministro de un correo electrónico o una dirección postal física se considera una especie de pago), y con el tiempo usted "embudo" a sus clientes hacia más y más productos y servicios de gama alta, paso a paso, vendiéndolos al siguiente nivel.

Los dos son modelos de negocio completamente diferentes, y ambos funcionan a su manera. Para la mayoría de los empresarios, sin embargo, el modelo de construcción de marca es demasiado costoso y lleva demasiado tiempo para utilizarlo por sí solo, ya que implica muchos recursos que simplemente no son prácticos. Eso no significa que no debas usarlo dentro de tus posibilidades.

De hecho, pronto verá cómo incorporar en su sistema tanto los modelos de casa abierta como los de embudo de marketing (para empezar.... ¡nos estamos calentando!).

Así que al "canalizar" (otros lo llaman "backending" o "up-selling"-Dan Kennedy lo llama "reunir al rebaño") a sus prospectos para que paguen a los clientes, usted está preparando el terreno para proporcionarles un valor tremendo.

Tanto valor, de hecho, que sus clientes comienzan a esperar recibir contenido de usted. Y con ese valor viene la oportunidad de llevar a su cliente al siguiente nivel, donde usted puede venderle productos de mayor calidad. Y esto no es un beneficio unilateral. Tanto usted como su cliente se benefician de esta relación. Su cliente se beneficia cuando obtiene aún más valor... algo que realmente quiere. Lo estás ayudando en ese aspecto.

Y, por supuesto, usted también se beneficia al graduar lentamente a su cliente a su lista "A", donde puede proporcionar aún más valor.

Una vez conocí a un vendedor de una gran empresa de gestión de personal. Esta compañía vendía sistemas informáticos caros que ayudaban a los centros de llamadas a predecir el volumen de llamadas entrantes, determinar cuántas personas de servicio al cliente necesitaban para manejar esas llamadas, e incluso generar los horarios más eficientes para esos representantes a fin de mantener el nivel de servicio deseado.

Este tipo era un viejo profesional cuando se trataba de manejar sus contactos. Cuando una empresa cliente potencial le hacía una solicitud de propuesta (básicamente una oportunidad para que su empresa le proporcionara una cotización basada en las necesidades de la empresa emisora), llevaba un registro de todas las personas involucradas en el proceso de toma de decisiones, además de todo el personal de apoyo. Básicamente, la información de cualquiera que pudiera tener en sus manos.

Ahora, cuando se enteró de que una persona clave se trasladaba de una empresa a otra (lo que era bastante común), y que una nueva empresa estaba en el mercado para su producto, se ponía en contacto personalmente con su "líder" de la antigua empresa (que ahora trabaja para la nueva) y continuaba sus esfuerzos de embudo allí, al tiempo que mantenía el embudo en la antigua empresa.

Ahora imagina que estaba haciendo esto por

todas sus pistas, dondequiera que terminaran. Tenía embudos por todas partes. ¿Crees que tenía hijos flacos?

Personalmente creo que cada venta que hizo fue bien merecida. Cualquiera que pueda seguir el rastro de todos esos embudos y de la gente que salta las compañías merece ganar un beneficio.

Las figuras 2-1 y 2-2 muestran el típico embudo de comercialización. La Figura 2-1 muestra una versión fuera de línea del modelo de embudo, y la Figura 2-2 muestra el equivalente en línea. Tenga en cuenta que las únicas diferencias están en la parte superior del embudo, lo que significa la manera en que usted obtiene sus pistas. En línea que visitan su sitio web antes de proporcionar su información y convertirse en

 LA FORMULA DE LOS NEGOCIOS

un líder. En el mundo offline, recibirían su oferta de alguna otra manera.

Una representación más verdadera podría representar a su mercado objetivo como sospechosos, que se convierten en clientes potenciales sólo después de levantar la mano (es decir, se convierten en sus clientes potenciales cuando se convierten en sus clientes potenciales), pero independientemente de cómo los vea, el objetivo es obtener clientes potenciales, donde usted intentará convertirlos en clientes potenciales de pago.

¿Notan cómo el ancho del embudo se hace más pequeño hacia abajo? El ancho representa el número de clientes a esa altura, o etapa, del embudo. Sin embargo, cuanto menor sea el ancho, mayor será el dinero que gasten con usted. De hecho, se puede pensar que la cantidad de dinero que gastan con usted es inversamente proporcional al ancho del embudo (más o menos).

Así que el 20 por ciento responsable del 80 por ciento de sus ganancias está en el fondo del embudo. El otro 80 por ciento que le da el 20 por ciento de sus ganancias está hacia la cima. Esta distribución es una observación general y no un absoluto matemático. Como mencioné antes, puede ser 70/30 o 90/10 o algo intermedio.

Esto no es un accidente. Sus clientes "A", sus mayores defensores, están en el segmento más pequeño de su base de clientes... la parte inferior del embudo (pero la parte superior en términos del valor que usted les entrega).

 LA FORMULA DE LOS NEGOCIOS

Figura 2-1

El embudo de la comercialización (OFF LINE)

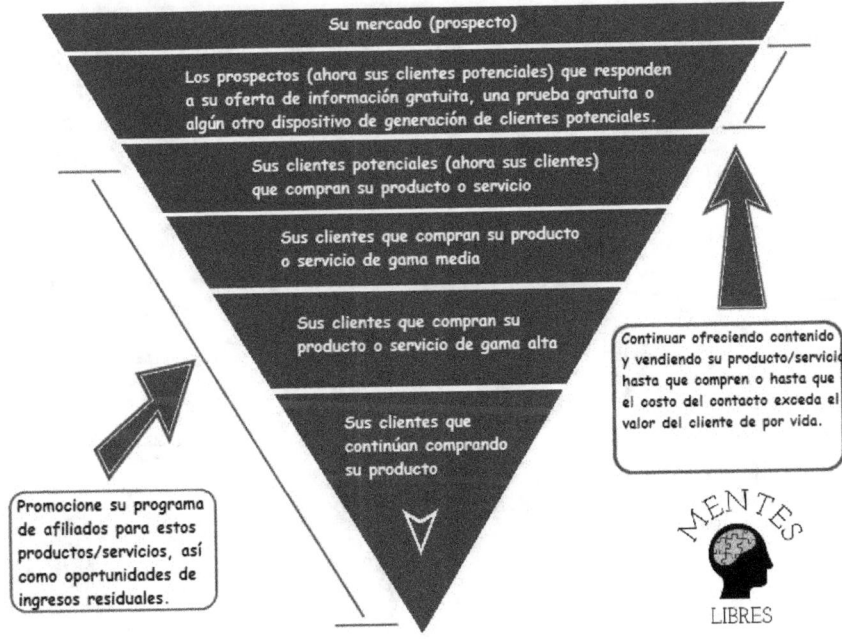

Figura 2-2

El embudo de la comercialización (ON LINE)

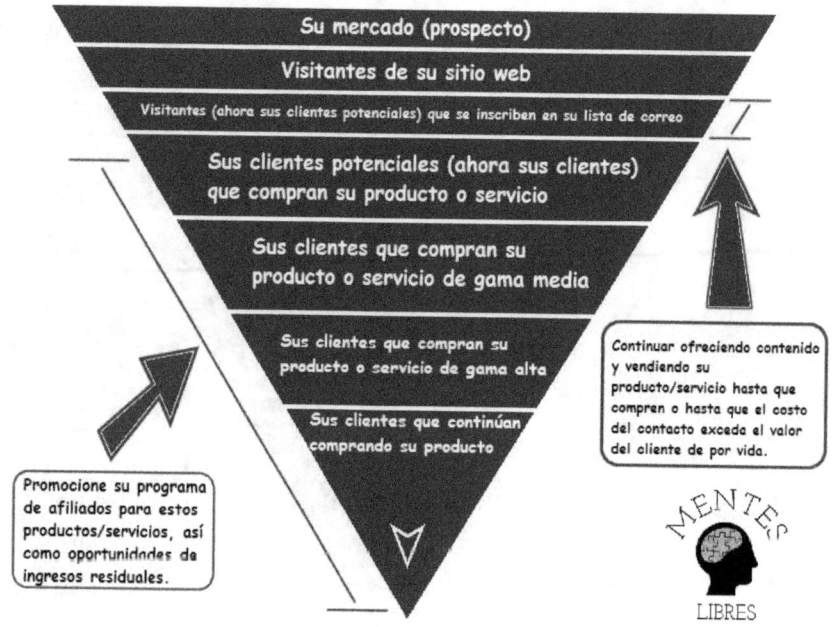

Caminemos a través de cada paso del embudo para obtener una comprensión más clara de cómo funciona el embudo.

1) Su prospecto entra en el embudo respondiendo a su incentivo o "soborno ético" para que levante la mano y le dé su información de contacto. Él es ahora un líder en su lista de correo.

2) Usted continúa dándole valor, pero usted quiere que él haga la transición de un cliente potencial que no paga a un cliente que paga. Como resultado, usted le da una oferta inicial, o de nivel de entrada, sobre un producto o servicio directamente relacionado con el valor que recibió cuando optó por unirse a su lista. Usted puede hacer la oferta

en un punto de equilibrio o incluso una pérdida inicial, porque sabe que lo compensará con creces con las ventas de back-end.

3) Si él no compra su producto front-end, usted continúa vendiéndolo en la misma oferta o en diferentes ofertas front-end, idealmente ambas, porque puede que no esté en el mercado para su oferta inicial en este momento, pero puede ser más tarde.

4) Cuando compra su producto front-end, ahora es un cliente. Ahora está "calentándolo" para que haga más negocios con su empresa. Una vez que vea que usted cumple con su promesa de valor, se sentirá más cómodo comprándole de nuevo.

5) Quieres que pase al siguiente nivel de precios, así que hazle una oferta sobre un producto o servicio de gama alta relacionado con el nivel de entrada que ya ha comprado. Si él no compra, usted sigue un enfoque similar al del paso 3 anterior. Es decir, usted sigue haciéndole ofertas, pero esta vez en el producto de nivel medio.

6) Una vez que él compra su producto de nivel medio, usted pasa al producto de gama alta. Ahora está condicionado a comprarle con confianza y sin preocupaciones, porque sabe el valor excepcional que usted le ha dado.

Él ha visto los resultados de sus productos de primera mano, por lo que la resistencia de su comprador se reduce. Ahora está en camino de convertirse en uno de sus clientes "A", el

20 por ciento responsable del 80 por ciento de sus ganancias.

7) Usted continúa vendiéndole artículos de boletos más altos y le proporciona un valor aún mayor.

Los pasos que he enumerado son un enfoque muy simplificado. Pronto verás que hay mucho más si realmente quieres tener éxito a largo plazo, pero no es la ciencia de los cohetes a largo plazo.

Después de que compre, usted querrá pedirle referencias, un testimonio, y hacer todo lo que esté a su alcance para asegurarse de que esté satisfecho.

 LA FORMULA DE LOS NEGOCIOS

Usted quiere que esté satisfecho, así que comprará de nuevo, por supuesto, pero también quiere reducir la tasa de reembolso y obtener su aprobación. Usted quiere que le cuente a todos sus amigos y colegas sobre su experiencia positiva con su compañía.

Usted probablemente sabe que cuando alguien tiene una mala experiencia con una compañía, es más probable que se lo cuente a otros que cuando tiene una experiencia placentera. Quieres animarles a que lo cuenten todo sobre su agradable experiencia.

Y entonces usted querrá desarrollar algún tipo de ingreso residual, donde le paguen tanto un mes o un año para siempre hasta que lo cancelen. No todo el mundo lo hará, por supuesto, pero sus clientes "A" probablemente lo harán.

Y puede crear diferentes niveles residuales, al igual que tiene diferentes niveles de producto, todos a diferentes niveles de precio.

Conclusión

Este informe sólo ilustra los tipos de transacciones en las que debería estar pensando para su empresa. A largo plazo, usted va a necesitar un plan que sostenga su negocio por un período de tiempo más largo, en lugar de un enfoque de semana a semana y de mes a mes.

Ese es el verdadero secreto para construir un éxito a largo plazo en la construcción de negocios.

Ejercicios, como preguntarse dónde le gustaría ver su negocio dentro de dos años o dentro de cinco años o dentro de diez años, pueden realmente hacer una diferencia en si su negocio será un éxito a corto plazo de la noche a la mañana que fracasará rápidamente, o si sostendrá la prueba del tiempo y proporcionará un valor de por vida para usted y su familia.

Lo ideal es que te guste planificar para lo último. Y este informe apenas ha arañado la superficie.

Pero sí te da algo en lo que pensar, porque la mayoría de los empresarios se centran en el corto plazo en lugar de mirar el panorama general que les durará toda la vida.

Visita nuestra página de autores en Amazon! ¡Y consigue más MENTES LIBRES!

http://amazon.com/author/menteslibres

Si lo deseas, puedes dejar tu comentario sobre este libro haciendo clic en el siguiente enlace para que podamos seguir creciendo! ¡Muchas gracias por tu compra!

https://www.amazon.com/dp/B081VYSSWC

www.ingramcontent.com/pod-product-compliance
Lightning Source LLC
Chambersburg PA
CBHW070837220526
45466CB00002B/807